Arno Pagel

Nikolaus Ludwig Graf von Zinzendorf

Arno Pagel

Nikolaus Ludwig Graf von Zinzendorf

Leben und Wirken

johannis

Die Deutsche Bibliothek – CIP-Einheitsaufnahme

Pagel, Arno:
Nikolaus Ludwig von Zinzendorf : Leben und Wirken /
Arno Pagel. – Lahr : Johannis, 2000
(TELOS-Bücher ; 77828 : TELOS-Taschenbuch)
ISBN 3-501-01404-X

TELOS-Taschenbuch 77 828

Umschlaggestaltung: F. Baumann
Gesamtherstellung: St.-Johannis-Druckerei, Lahr/Schw.
Printed in Germany 14055/2000

Inhalt

Ein Wort zuvor

Zinzendorf ist als einer der genialsten Christen aller Zeiten bezeichnet worden. Viel wurde über sein Leben und Lebenswerk geschrieben. Unter andern hat das der bedeutende Kirchenhistoriker Erich Beyreuther in drei umfangreichen Bänden getan. Die Aufgabe unseres schmalen Bändchens ist eine bescheidenere. Wir wollen Blicke tun in das Leben und Wirken Nikolaus Ludwigs von Zinzendorf.

Jawohl, Blicke wollen wir tun in einen unausschöpflichen Reichtum, der aus den Gaben stammt, die Gott einem Menschen darreicht. Er selber ist darin am Wirken. Es ist des Verfassers Wunsch und Hoffnung, dass die Lektüre seines Taschenbuchs den Leser ins Staunen und Freuen hineinführt über das göttliche Können und Tun. Der Herr kann und will aus uns allen, die wir neben Zinzendorf unbedeutend und winzig erscheinen, auch etwas machen zum Lobpreis seiner Gnade.

Nach diesem nötigen Vorwort nun hinein in unsere biographische Aufgabe!

Die Großmutter und ihr Enkel

Nikolaus Ludwig von Zinzendorf entstammte einem altösterreichischen Adelsgeschlecht. Sein Vater, Reichsgraf Georg Ludwig von Zinzendorf, war in die Dienste des sächsischen Kurfürstenhauses getreten und hatte einen schnellen beruflichen Aufstieg erlebt. Er brachte es zum Minister und zum Mitglied der höchsten Behörde, des Geheimen Rates. Der kurfürstliche Hof in Dresden war durch Luxus, verschwenderische Vergnügungssucht und sexuelle Freizügigkeit weithin negativ geprägt. Georg Ludwig von Zinzendorf machte dabei nicht mit. Die Begegnung mit dem damaligen Dresdener Oberhofprediger Philipp Jakob Spener, der als »Vater des Pietismus« in die Kirchengeschichte eingegangen ist, war für ihn schicksalhaft. Durch Spener war er für einen lebendigen, bibeltreuen, in der Liebe tätigen Herzensglauben gewonnen worden. Der lasterhafte Kurfürst, als August der Starke zugleich König von Polen, fand in ihm keinen Bundesgenossen.

Die erste Ehe des Reichsgrafen dauerte elf Jahre. Er ging eine zweite ein mit der vierundzwanzigjährigen Charlotte Justine von Gersdorf, die einer mächtigen und weit verbreiteten Familie der Oberlausitz angehörte. Sie war mit ihrem Gatten im Glauben völlig eines Sinnes. Sie las die Bibel in den Ursprachen und verstand sich auf Musik und Literatur. Es war nur ein kurzes Glück, das den Eheleuten beschert wurde. Am 26. Mai 1700 wurde ihnen das Büblein Nikolaus Ludwig, Lutz genannt, geschenkt. Schon sechs Wochen später, am 9. Juli 1700, starb der Vater an einem hartnäckigen Lungenleiden, erst 38 Jahre alt. Er ließ sich noch einmal das neugeborene Kind zeigen und segnete es. Dann musste man ihm das Lied »O Haupt voll Blut und Wunden« aufsagen, und er starb im festen Glauben an seinen gekreuzigten und auferstandenen Heiland. Ludwig hat sein ganzes Leben hindurch an die wirksame, bewahrende Macht des väterlichen Segens geglaubt. Die junge Witwe Charlotte Justine von Zinzendorf löste den eigenen Haushalt in Dresden auf und zog mit dem kleinen Lutz in ihr ebenfalls in Dresden gelegenes Elternhaus. Ihr Vater war der Geheime Ratsdirektor und Landvogt der Oberlausitz, Nikolaus von Gersdorf. Die Mutter Henriette Katharina war eine geborene von Friesen. Die Familie Friesen war in der Welt des sächsischen Adels ähnlich bekannt und herausragend wie die Gersdorfs. Das galt sowohl für die beruflichen Leistungen ihrer Glieder wie für deren geistliche Prägung durch den Spenerschen Pietismus.

Henriette Katharina war eine hochbegabte Tochter innerhalb der Familie von Friesen. Sie zeichnete, sang, spielte Musik, dichtete, sprach französisch und italienisch, schrieb lateinische Briefe und vertiefte sich in alle Wissenschaften ihrer Zeit. Daran änderte sich nicht viel, als sie in die Ehe eintrat. Das alles aber stand bei ihr nicht im Gegensatz zur Meisterung der praktischen, finanziellen und wirtschaftlichen Aufgaben, die zu ihrem Alltag gehörten. Als sie Witwe geworden war, machte es ihr keine Mühe, drei Rittergüter erfolgreich zu verwalten. Zu diesen gehörten auch volkreiche Dörfer, deren Bewohner ihre Untertanen waren und von ihr mit sanfter, aber wirksamer Hand regiert wurden.

Henriette Katharinas Gemahl, der Landvogt von Gersdorf, starb 1702 nach 30 glücklichen Ehejahren. Sie blieb mit der zu ihr gezogenen Tochter und deren Sohn Lutz noch ein Jahr in Dresden wohnen. Dann vertauschten alle drei die Residenzstadt mit dem alten Wasserschloss Großhennersdorf in der Oberlausitz. Dieses bildete fortan mit den Rittergütern Großhennersdorf, Berthelsdorf und Oberberthelsdorf den Witwensitz von Henriette Katharina von Gersdorf.

Lutzens jugendliche, so früh verwitwete Mutter heiratete 1704 wieder. Ihr zweiter Gemahl war der brandenburgisch-preußische Feldmarschall von Natzmer. Dieser gehörte auch zu den zahlreichen pietistisch geprägten Adligen jener Zeit, auf die Spener und August Hermann Francke in Halle großen Einfluss ausübten. Er führte, wie das im

Militärbereich zu allen Zeiten üblich ist, ein unruhiges Berufsleben und hielt sich an mancherlei Orten auf. Seine Frau teilte dieses unstete Dasein mit ihm. Höchstens in der Sommerzeit kam sie in die Oberlausitz. Ihre Möglichkeiten, den kleinen Lutz, ein unruhiges und feuriges Kind, zu lenken und zu erziehen, waren aus diesem Grunde sehr beschränkt. So fiel die Hauptlast der Verantwortung auf die bald 60 Jahre alte Landvögtin, Ludwigs Großmutter.

Henriette Katharina von Gersdorf war – wie manche andere, von denen wir schon hörten – ganz im geistlichen Umkreis von Spener und Francke zu Hause. Die Entstehung und Ausdehnung der Franckeschen Stiftungen in Halle an der Saale (Waisenhäuser, Schulen, Apotheke mit damals sehr beliebten und verbreiteten Medikamenten, Verlagswesen und Bibelverbreitung, Äußere Mission , Landwirtschaft) verfolgte sie mit regem Interesse, das auch mancherlei finanzielle Hilfe einschloss. Zwischen ihr und Francke sind viele Briefe gewechselt worden, in denen sie besonders in Franckes Anfangszeit manchen guten Rat gab und vor Fehlentwicklungen warnte. Verleumdungen und üblen Gerüchten über die Stiftungen trat sie mutig entgegen. Ihren Enkel Ludwig befahl sie angelegentlich der Fürbitte des bewährten Gottesmannes. Viel tat sie in aller Stille für das kleine Volk der Sorben, das zur slawischen Völkergemeinschaft gehörte und in der Oberlausitz zu Hause war. Sie sorgte mit für Pfarrer, die sorbisch predigten, und für die Übersetzung des Neuen Testamentes in die sorbische Sprache.

Tagsüber hatte die Landvögtin alle Hände voll zu tun mit der Verwaltung ihrer drei großen Güter, die wir schon erwähnt haben, und der verantwortungsvollen Betreuung der Bewohner der Dörfer, die zu den Gütern gehörten. Vielen Besuchern hatte sie sich zu widmen. Dazu gehörten auch Kinder von Verwandten und Freunden, so dass Ludwig nicht nur unter »Weiberregiment« stand, sondern oft kindlich fröhlich spielen konnte. Er schlief bei seiner Großmutter und war hier öfter Zeuge, wie sie morgens und abends ihr Herz vor Gott ausschüttete. Hören wir seine späteren Worte, wie ihn das beeindruckte und beeinflusste:

»Meine nahe Bekanntschaft mit dem Heiland kommt daher, dass ich zehn Jahre im eigenen Kabinett meiner Großmutter, der Landvögtin von Gersdorf, bin erzogen worden. Da habe ich sie mit dem Heiland reden hören über Sachen, die ich freilich nicht alle verstand, aber doch daraus geschlossen, dass der gemeinschaftliche Gottesdienst draußen und im Hause nicht alles sei für die Person, bei der ich wohnte, sondern dass sie unendlich mehr allein mit ihrem Herrn zu tun hatte.«

Der vielbeschäftigten Landvögtin, die tagsüber ihr Enkelkind kaum zu sehen bekam, mussten

Hauslehrer an die Seite treten, die von August Hermann Francke erbeten wurden. Diese hatten oft ihre liebe Not mit dem hochbegabten, aber sehr unruhigen und reizbaren Kind. Lutz war reich an phantasievollen, tollen Einfällen und vorlauten Bemerkungen. Aber die Großmutter dachte nicht daran, das alles kleinlich und ängstlich regulieren oder gar zertreten zu sollen. Sie erkannte die großen Anlagen des kindlichen Geistes und glaubte daran, dass Gott daraus etwas Großes zu seiner Ehre und zum Segen für andere machen könne.

Dabei hatte sie feste Erziehungsgrundsätze, denen der Enkel sich zu fügen hatte. Er hatte Autoritäten anzuerkennen und sich in Unterordnung und Gehorsam zu üben, auch den Hauslehrern gegenüber. Außerdem war unbedingte Wahrheitsliebe gefordert. Und schließlich ging es um Selbstbeherrschung und Anspruchslosigkeit. Die Landvögtin war gegen jede Verwöhnung und Verzärtelung gerade auch bei einem Jungen, vor dessen Name der bedeutende Adelstitel »Reichsgraf« stand.

Oberster Leitstern bei allen erzieherischen Bemühungen blieb das Anliegen, das anvertraute Kind zu Gott zu führen. Unter beständigem Gebet ließ die Großmutter ihren geliebten Enkel spüren, dass sie ihn gerne in ein persönliches Glaubens- und Vertrauensverhältnis zum Erlöser Jesus

Christus eintreten sehen wollte. Doch von einer einseitigen religiösen Erziehung, bei der die anderen Ziele vernachlässigt wurden, kann nicht die Rede sein. Als Berufsweg für Lutz schwebte der Landvögtin der Eintritt in den Staatsdienst vor.

Wir haben von dem späteren Zinzendorf mancherlei Hinweise und Erinnerungen, die sich auf seine religiöse Entwicklung und Ausprägung beziehen. Immer wieder spricht er davon, dass schon früh eine *»zarte Neigung zu dem gekreuzigten Jesus«* in sein Herz eingezogen sei. Als einer seiner Hauslehrer Abschied nahm von Großhennersdorf, malte ihm dieser den gekreuzigten Heiland noch einmal so anschaulich und eindrucksvoll vor Augen, dass – es folgen Zinzendorfs Worte – *»ich in lang währendes Weinen geriet und unter demselben fest beschloss, nur für den Mann zu leben, der sein Leben für mich gelassen hatte.«* Weist das nicht voraus auf das bekannte Selbstzeugnis des Grafen aus späterer Zeit: *»Ich habe nur eine Passion, und die ist ER, nur ER.«*?

Fast sechs Jahre tägliche Tischgemeinschaft mit August Hermann Francke

Als Nikolaus Ludwig von Zinzendorf das zehnte Lebensjahr erreicht hatte, endete sein Kinderparadies in Schloss Großhennersdorf. Die Mutter, die Großmutter und andere Glieder der weiträumigen Verwandtschaft, die ein Wort mitzusprechen hatten, beschlossen, dass Lutz in Halle an der Saale in das Pädagogium regium (das königliche Pädagogium) als Schüler eintreten solle. In Halle hatte sich das umfassende Werk der Franckeschen Stiftungen inzwischen so weit und bedeutsam entwickelt, dass es in ganz Europa bekannt geworden war. Auch eine Anzahl Schulen gehörte dazu. Deren berühmteste war das genannte Pädagogium, das ganz überwiegend von Kindern aus Adelsfamilien besucht wurde. Aus manchen Ländern Europas fanden sich solche ein.

Am 9. August 1710 stand der kleine Reichsgraf in Halles Toren und trat am folgenden Tag mit seiner Mutter in die Studierstube des berühmten Francke ein. Dabei ließ sich die Mutter über ihren Sprössling, der das mit anhörte, folgendermaßen aus: »*Man muss den Jungen sehr niedrig halten, denn er neigt zum Hochmut, zu großen Unter-*

nehmungen und bildet sich auf Grund seiner Gaben etwas ein.« Zinzendorf selber hat dazu später folgenden Kommentar abgegeben: *»Ich war von Hochmut nicht ganz frei. Durch ein unglückliches Geschick wurde diese Unterredung von mir mit angehört. Von dem Augenblick an musste ich mit dem Gedanken kämpfen, dass ich doch etwas Besonderes sein müsse, wenn es nötig sei, mich so scharf im Zaum zu halten.«*

Der junge Lutz war der erste Schüler aus dem ganz hohen Adel, aus dem reichsgräflichen Stande, im Halleschen Pädagogium. Zinzendorf hat später, wenn er an jene Zeit zurückdachte, immer seine Dankbarkeit für die dort verbrachten Jahre ausgesprochen, in die allerdings auch mancherlei Nöte hineingehörten. Die Lehrer waren zum größten Teil noch sehr jung, Studenten, die ihre Universitätsausbildung noch nicht voll abgeschlossen hatten. Pädagogische Erfahrung war meist nicht ihre Stärke. Sie wurden leicht ungeduldig und griffen zur Aufrechterhaltung der Disziplin sehr schnell zu übermäßigen Strafen. Unter den Schülern fehlten nicht die »bösen Buben«, die oft den Ton angaben. Dazu wurde von den Studenten-Lehrern manchmal unser Lutz gezählt. Dieser besaß gewiss ein lebhaftes Temperament, gehörte aber niemals zu den »Generalaufwieglern«, als den ihn einige Lehrer verdächtigten. Solche Beschuldigung erregte bei ihm Ärger und höchste Bestürzung.

Im Pädagogium musste eisern gelernt werden. Das war Zinzendorf bei seinen Hauslehrern in Großhennersdorf so nicht gewohnt gewesen. Hören wir seine spätere Erinnerung : *»Zu meiner Zeit musste man lernen: 10 – 12 Stunden am Tag, von 5 bis 12 und von 2 bis 6. Daher ist es kein Wunder, dass wir zu der Zeit Lateinisch, Griechisch, Französisch, Geschichte, Geographie und solche Sachen gelernt haben. Man musste wohl.«* Auf Schönschreiben wurde in Halle großer Wert gelegt. Darin brachte es unser Reichsgraf aber zu keinen besonderen Leistungen, wenn er auch aus seiner anfänglichen Schmiererei allmählich einigermaßen herausfand.

Hier in Halle hat Zinzendorf für sein ganzes Leben arbeiten gelernt. Seine spätere gewaltige Arbeitsleistung wäre ohne das Dringen auf Regelmäßigkeit, Zeiteinteilung und Ordnung, wie sie das Pädagogium prägte, nicht zustande gekommen. Die Fremdsprachen galten als das A und O des ganzen Unterrichts. Lateinisch wurde täglich ohne Ausnahme dreieinhalb Stunden intensiv getrieben. Dazu kam Griechisch und Hebräisch. Das Französische musste wie eine zweite Muttersprache beherrscht werden. Zinzendorf brachte es zu der Fertigkeit, als 14–15 Jähriger bei Schulprüfungen Reden in vier Sprachen – Deutsch, Französisch, Lateinisch und Griechisch – zu halten. Nur im Hebräischen – so klagte er – wolle ihm das Reden nicht so recht gelingen. Religionsunterricht wurde täglich eine Stunde erteilt.

Gab es in Halle nur Lernen? Keineswegs! »Rekreationsstunden« (Erholungsstunden) waren in den Tagesablauf eingefügt. Es wurde Ball gespielt. Beliebt war Holz sägen für die winterliche Stubenbeheizung. Es wurden Ausflüge und Wanderungen unternommen, bei denen das Kennenlernen und Sammeln von Pflanzen und Kräutern praktiziert wurde. Auf dem Dach des Pädagogiums war eine Schulsternwarte eingerichtet, was eine große Neuerung im damaligen deutschen Schulwesen darstellte. Lutz hat oft und gern dort oben gesessen und in die Weite des Universums geschaut.

Was noch den Schulbetrieb auflockerte: Es wurden beachtenswerte Schülerkonzerte durchgeführt. Und gesungen wurde viel: in Singgottesdiensten, die meist von Francke selbst geleitet wurden, in den Zimmern und auf den Straßen. Ja, das pietistische Halle war eine singende Stadt und die Pädagogiumsschüler, die wahrlich nicht alle religiöse Musterknaben waren, machten dabei mit!

Mit all dem bisher Beschriebenen und Geschilderten, so sehr unser Reichsgraf davon manchmal negativ, aber überwiegend positiv betroffen war, ist aber das Eigentliche, das Besondere, das Eindrücklichste, was die Hallenser Jahre prägten, noch gar nicht zur Sprache gekommen. Und was war das ? Die tägliche Tischgemeinschaft mit August Hermann Francke!

Als Reichsgraf gebührte dem jungen Zinzendorf der Ehrenplatz an der besten Mittagstafel innerhalb der Stiftungen. Man einigte sich mit Lutzens Mutter, dass er im Hause Franckes mit speiste und mittags und abends zwischen Francke und dessen Frau zu sitzen kam. Natürlich wurden keine langen Gespräche zwischen dem schon weltberühmten Halleschen Professor und dem kleinen Pädagogiumsschüler geführt. Aber dieser beobachtete sehr aufmerksam seinen Nachbarn. Und was stellte er fest? *»Ihm war nie etwas Gedrücktes anzusehen. Er war immer heroisch, wie es einem Knechte ist, der auf seines Herrn Kredit losmacht. Ich habe ihn wenigstens in 6 Jahren keinen Tag anders gesehen, und ich gab damals doch genau Acht.«* Im täglichen Umgang ist bei dem scharf und klug hinschauenden Knaben die Liebe und Verehrung für Francke stets gewachsen.

Was war das für eine Fülle von zum Teil außergewöhnlichen Gästen, die Zinzendorf in Halle – manchmal in einem ganz intimen Kreis, manchmal in einem größeren Rahmen – einkehren sah! So erschien zum Beispiel der Indienmissionar Heinrich Plütschau und brachte einen getauften Tamilen mit. Auch der noch berühmtere Pioniermissionar Bartholomäus Ziegenbalg tauchte auf und saß ganz in der Nähe des Grafen mit am Tisch. Glaubensflüchtlinge ließen durch ihre Berichte Zinzendorf ahnend erkennen, dass Leiden für Gott und Jesus Christus eine Gnade und Ehre ist. Er schlief nicht ein, bevor er für die Geängstigten und Verfolgten gebetet hatte.

Natürlich ließ sich der Alltag im Pädagogium nicht mit den mancherlei Höhepunkten in Franckes unmittelbarer Nähe vergleichen. Es ging in ihm ja nicht nur um das schulische Erleben mit seinen Erfolgen und Misserfolgen, seinen Freuden und Nöten. Zinzendorf machte jene Jahre durch, die er die »Tölpeljahre« nannte. Wir reden heute von der Pubertätskrise, die durch Scheu, Melancholie, Grübelei, wechselhafte Stimmungen und eine oft andere verletzende Ichbestimmtheit geprägt ist. Lutz eckte viel an, beleidigte Lehrer und Mitschüler, die er dann um Verzeihung bitten musste. Er hat später von einer *»Art Fieberzustand«* geredet, in dem er sich befunden habe. So leicht wie sein religiöses Temperament entflammt werden konnte, brach auch sein Jähzorn und sein Eigensinn oft durch. Er ist davon lebenslang nie ganz frei geworden.

So wechselvoll und oft widersprüchlich es bei unserm Grafen in den Pädagogiumsjahren auch zuging, eines war immer weniger bei ihm zu übersehen: seine Liebe zum Heiland und sein Verlangen, andere zu finden, die ihn auch lieb hatten, und mit ihnen Gemeinschaft zu pflegen. Nach mancherlei vergeblichen Anläufen fand er tatsächlich einige adlige Kameraden, die sich zu einem Bibel- und Gebetsbund zusammenfanden. Sie nannten ihn »Senfkornorden« und hofften, dass er wie ein Senfkorn wachsen und zu einem stattlichen Baum sich entfalten würde. Dazu konnte es damals allerdings schon deshalb nicht kommen, weil für alle inzwischen die letzten Wochen angebrochen waren und die erweckten Kameraden das Pädagogium für immer verließen. Der sechzehnjährige Zinzendorf rief sich und den Davoneilenden noch zu: *»So lasst uns denn unserem lieben Herrn und Heiland mit fröhlichem Herzen, weil wir unter seiner Fahne geschworen haben, folgen!«* Hier klingt an, was für Zinzendorf zeitlebens Leitstern war und blieb: *»Ich statuiere kein Christentum ohne Gemeinschaft.«*

Zweimal besuchte der junge Zinzendorf in den letzten Wochen seines Aufenthaltes im Pädagogium August Hermann Francke. Dankbar hielt er in einer schriftlichen Notiz fest: *»Der Herr Professor freute sich herzlich darüber und machte einen mir unvergesslichen Bund der Liebe mit mir.«* Noch ein weiterer Satz sei mitgeteilt: *»Die Jahre in Halle und das tägliche Miteinander mit Professor Francke haben den Eifer in des Herrn Sache bei mir mächtig gestärkt.«*

Das Studium in Wittenberg und die nachfolgende »europäische Bildungsreise«

Im September 1716 – in einem heute nicht vorstellbaren jugendlichen Alter von etwas mehr als 16 Jahren – begann Zinzendorf das Studium der Rechtswissenschaft an der sächsischen Universität Wittenberg. Mit Wittenberg verband sich nach wie vor der Name des Reformators Martin Luther, der dort als Professor der Theologie gewirkt und seine die Kirchengeschichte umstürzenden biblisch-theologischen Erkenntnisse gewonnen und gelehrt hatte. Als unser Graf dort eintrat, war immer noch die lutherische Orthodoxie (Rechtgläubigkeit) vorherrschend, wenn sie ihren Höhepunkt auch längst überschritten hatte und weithin in bloßer Buchstabenfrömmigkeit erstarrt war. Eine ihrer Hauptaufgaben sah sie darin, den Pietismus der benachbarten brandenburgisch-preußischen Universität Halle zu bekämpfen.

Zinzendorfs Berufsziel stand eindeutig fest. Er wollte die Laufbahn eines Staatsbeamten im kursächsischen Dienst einschlagen. Dass das bei der wenig überzeugenden moralischen Lebensführung des vom Luthertum zum Katholizismus übergetretenen Kurfürsten August des Starken, der zugleich König von Polen war, keine leichte Aufgabe sein würde, war dem Grafen vollauf bewusst. Er wählte sie aber mit der Begründung: *»Weil unter den Politikern weniger als unter den Geistlichen solche sind, die Gott von Herzen suchen, sei es hochnötig, dass da einer einmal recht durchbreche.«*

Zinzendorf war ein eifriger und erfolgreicher Student, den die meisten seiner Professoren mit viel Lob und Anerkennung auszeichneten. Dabei war seine Frömmigkeit nicht zu übersehen. Diese drückte sich u. a. so aus, dass er am Sonntag fast regelmäßig vier aufeinander folgende Gottesdienste besuchte und so den ganzen Sonntag nicht aus den Kirchen Wittenbergs herauskam.

Der Reichsgraf hat nie verleugnet, und es war bei ihm nie zu übersehen, dass er dem hohen Adel angehörte. Dieser stellte sich äußerlich in der Erscheinungsform des Kavaliers dar. Ein solcher musste reiten, fechten und tanzen können. Auch das letztere hat Zinzendorf gelernt, allerdings nie in öffentlichen Tanzveranstaltungen praktiziert. An Jagdunternehmungen dagegen nahm er teil. Das alles tat er mit einer anziehenden Würde, Sicherheit und Anmut. Wie konnte es dann aber dahin kommen, dass fast die ganze Gesellschaft der in Wittenberg studierenden adligen Junker sich über ihn entrüstete und einige Kavaliere sich sogar von jeder Tischgemeinschaft mit ihm trennten?

Der Grund dafür ist der folgende: So sehr sich Zinzendorf als Kavalier verstand und aufführte, so erlaubten ihm seine strengen Lebensgrundsätze doch nicht, da mitzumachen, wo sich bei vielen das Kavaliersein in »Fressen, Saufen und unziemliches Reden« auflöste. Der französische Geist der Leichtlebigkeit riss weithin ein. Allerdings überdauerte diese Ablehnung Zinzendorf gegenüber nur wenig das Jahr 1717. Im nächsten Jahr – 1718 – steigerte sich sein Ansehen u. a. dadurch, dass es ihm unter dramatischen Umständen gelang, zwei wilde Kavaliere, die nach einer Prügelei zu Todfeinden wurden und zur Duellforderung schritten, zu einer Verständigung und Versöhnung zu bewegen. In anderen Fällen erwies er sich als echter Kamerad, indem er sich verbummelter Kavaliere annahm und ihnen in den vernachlässigten Studien half. Als er jedoch eine »Sozietät der Bekenner Christi« gründen wollte, kam es nicht zu dem gewünschten Erfolg.

Plötzlich schwebte aber unserm erst achtzehnjährigen Reichsgrafen eine noch viel größere Aufgabe vor. Er fühlte sich berufen, die geistlich-theologisch weit auseinander driftenden orthodoxen, oft nur kopfgläubigen Lutheraner von Wittenberg und die glaubens- und lebensvollen, auf missionarisches Zeugnis drängenden Pietisten von Halle zusammenzubringen. Es schien ihm tatsächlich zu gelingen, einen Wittenberger und einen Hallenser

– das sollte Francke selber sein! – zu einem ausführlichen Gespräch über alle strittigen Fragen zu vereinigen. Doch dann schaltete sich hemmend Zinzendorfs Familie ein. Vor allem die Mutter war erschrocken, mit was für gewaltigen Plänen, die die ganze kirchengeschichtliche Situation verändern sollten, ihr Sohn sich abgab. Sie reiste nach Wittenberg und untersagte ihm ein für alle Mal, sich in solcher Richtung weiter zu betätigen. Der junge Graf gehorchte widerstandslos. Die Geltung des vierten Gebotes, das der Ehrung der Eltern und dem Gehorsam ihnen gegenüber gilt, stand ihm höher als seine gut gemeinten, hochfliegenden Pläne, Wittenberg und Halle zu versöhnen.

Er trat eine »Bildungsreise« an, wie sie damals viele junge adlige Kavaliere von ihren Familien angeboten bekamen. Einige Begleiter gehörten dazu. Von den ersten Reisestationen hat vor allem der Aufenthalt in Düsseldorf in der Zinzendorfschen Lebensgeschichte viel Beachtung gefunden. Dort sah der Graf in einer Gemäldegalerie unter vielen hunderten der herrlichsten Porträts das künstlerisch mittelmäßige Bild des italienischen Malers Domenico Feti, das Christus am Kreuz darstellte. Unter dem Bild befand sich eine Unterschrift in lateinischer Sprache, die in deutscher Übersetzung lautete: »Ich habe dies für Dich getan, was tust Du für mich?«

Diese Worte drangen wie ein Pfeil in des Grafen Seele, und er bekannte: »*Mir schoss das Blut, dass ich hier auch nicht viel würde antworten können, und ich bat meinen Heiland, mich in die Gemeinschaft seines Leidens mit Gewalt zu reißen, wenn mein Sinn nicht hinein wollte.*« Nicht in eine neue, ihm bisher unbekannte Richtung seines Glaubens, seines Denkens und seines Handelnwollens ist Zinzendorf durch das Düsseldorfer Erlebnis geführt worden. Schon lange war ihm der Gekreuzigte nicht fern und gleichgültig. Ihm zu gehören und ihm zu dienen – das war ihm deutlich als Lebensziel aufgeleuchtet. Aber in der Stadt am Rhein wurde es ihm wesentlich tiefer ins Herz gesenkt.

Die Reise ging weiter nach Holland. An der berühmten Universität Utrecht betrieb Lutz eine Zeit lang ernsthafte juristische Studien, die in Wittenberg abgebrochen worden waren. Dort wie an anderen Orten war er auch immer begierig nach geistlicher Gemeinschaft. Doch eine solch originelle, wie sie ihm dann im französischen Paris zuteil wurde, hat er in Holland nicht gefunden. Es entstand nämlich eine ungewöhnliche Freundschaft zwischen der 68 Jahre alten Führergestalt des französischen Katholizismus, dem Erzbischof von Paris, Kardinal Louis Antoine de Noailles, und dem 19-jährigen deutschen Reichsgrafen und Pietisten! Gleich von der ersten Begegnung der in vielem so ungleichen Partner stellte Zinzendorf sehr befriedigt fest: *»Die Unterhaltung währte zweieinhalb Stunden mit großer Freundlichkeit.«*

Am Anfang einer solchen, vorher wohl noch nie praktizierten Freundschaft hätte der Kardinal den jungen Grafen gern für die katholische Kirche gewonnen. Ein Übertritt lag Zinzendorf jedoch meilenweit fern. Trennende Lehren und Kirchengebräuche waren genügend vorhanden und konnten nicht einfach aus der Welt geschafft werden. Aber beide Männer spürten, dass sie in der Liebe zu Jesus Christus verbunden waren, für die Stimme des guten Hirten Ohr und Herz offen hatten und deshalb in der *»Universalreligion des Heilandes«* – wie Zinzendorf sich ausdrückte – zusammengehörten.

In ihren Gesprächen vertieften sie sich – wieder Zinzendorfs originale Worte – *»in das unvergleichliche Meer des Leidens und Verdienstes Jesu und der dadurch erworbenen Gnade, selig und heilig zu werden«*. Dass der Graf seinen französischen Freund manchmal zu papsttreu fand, sei nicht verschwiegen. Aber Liebe und Hochachtung der beiden füreinander sind stets geblieben.

Der Standesherr – der Ehemann – der Hofrat

Am 25. April 1720 verließ Zinzendorf nach einem siebenmonatigen Aufenthalt die französische Hauptstadt. Er hatte, wo immer er geweilt hatte, sich als weltgewandter junger Kavalier erwiesen. Das war er seiner hohen adligen Abkunft schuldig. Aber nie und nirgendwo hatte er sich in Dinge hineinziehen lassen, die ihn an Leib und Seele beschmutzt hätten. Als sein wichtigster und eigentlicher Beruf war ihm deutlicher als bisher vor die Seele getreten, dass er Liebhaber und Zeuge des Heilandes Jesus Christus sein und überall die Leute suchen und finden müsse, die – unbeschadet ihrer konfessionellen Bindung und Herkunft – das wahre Volk Gottes darstellten.

Bevor er wieder die sächsische Heimat erreichte, schob unser Graf noch kurze Aufenthalte in Straßburg und in der Schweiz und längere Besuche in Verwandten- und Bekanntenkreisen in Bayern ein. Bei diesen verliebte er sich in zwei junge, hübsche Gräfinnen, die aber beide seine Zuneigung nicht erwiderten. Auch in dieser problemgeladenen Situation verlor Zinzendorf jedoch nicht seinen evangelistischen Eifer und missionarischen Drang. Zugleich betätigte er immer wieder die Naturgabe seiner bestrickenden Liebenswürdigkeit, Heiterkeit und Lebhaftigkeit, die in seiner Umgebung einfach keine Langeweile aufkommen ließ.

Seine beiden schmerzlichen Erfahrungen im Bereich der Liebe haben den Grafen nicht auf den Gedanken gebracht, dass er wohl ehelos bleiben solle. Bevor er jedoch die zu ihm passende Frau fand, fand er etwas anderes, das einen bedeutsamen Einschnitt in seinem Leben darstellte. Er wurde Gutsbesitzer! Seine Großmutter, die Landvögtin, ließ ihn wissen, dass sie ihm das ihr gehörende Rittergut Mittel- und Unterberthelsdorf zu einem günstigen Preis verkaufen wolle. Am 15. Mai 1722 wurde die Übertragung des Besitzes vollzogen. Damit trat Zinzendorf in den Kreis der sogenannten Standesherren ein.

Die beiden Höfe waren allerdings in einem ziemlich heruntergewirtschafteten Zustand und die zu ihnen gehörenden Gebäude in einer schlechten baulichen Verfassung. Alles selber gründlich anzupacken und zu verbessern überstieg Zinzendorfs eigene Kräfte und Möglichkeiten. Er hatte nämlich inzwischen ein politisch-juristisches Amt in der kursächsischen Residenzstadt Dresden angetreten, wovon wir später mehr hören werden. Es konnte aber aus dem Bekannten- und Mitarbeiterkreis des Grafen ein tüchtiger, zäher Mann, der aus der Schweiz stammte, gefunden und auf die beiden Güter als Verwalter entsandt werden. Es dauerte jedoch geraume Zeit, bis Erfolge sichtbar wurden.

Der Antritt der Standesherrschaft Berthelsdorf schloss für den noch nicht 22-jährigen Zinzendorf ein, dass er nun über eine größere Anzahl von Untertanen gebot. Das waren die in der Herrschaft lebenden und arbeitenden Bauern mit ihren Familien, die sich auf eine Reihe von Dörfern verteilten. Der Graf versicherte ihnen, er wolle seine *»Untertanen zwar nach der göttlichen Regel, aber in Seilen der Liebe gehen lassen und ihnen das Joch an ihrem Halse tragen helfen.«* Es fand ein feierlicher Huldigungsakt der neuen Untertanen statt, der mit einem Gottesdienst begann und einem Gebet Zinzendorfs endete. In diesem bat er *»den Herrn im Himmel, meinen lieben Vater, dass er mich seines Schutzes würdigen und in allem selbst mäßiglich leiten wolle.«*

Nun war Zinzendorf ganz daheim. Seine neue Heimat, mitten in der lieblichen Oberlausitzer bergigen Landschaft, war zwar mit Großhennersdorf, seiner Kinderheimat, durch eine gemeinsame Flurgrenze verbunden, aber er war jetzt sein eigener Herr. Aus dieser Tatsache ergab sich für ihn die Folgerung: *»Jetzt müsste ich zusehen, wie ich eine Gehilfin kriegte, die mir nach Menschenart zu einer Familie hülfe.«*

Umschau unter den Töchtern des Landes brauchte er nicht mehr zu halten. Er hatte längst eine von ihnen im Auge: die gleichaltrige Gräfin Erdmuthe von Reuß-Ebersdorf. Dabei stand für ihn fest, dass eine Eheschließung ihn nicht hindern dürfe, alle seine Kräfte in den Dienst des Reiches Gottes hineinzugeben. In einem in der Brautzeit geschriebenen Brief Zinzendorfs standen die Worte: *»Ich liebe Euer Liebden von ganzem Herzen, aber den Herrn Jesus liebe ich noch viel mehr ... Christus ist mein Bräutigam so gut als der Ihre.«* Die Vermögensverwaltung des Gutes Berthelsdorf wurde von der am 7. September 1722 erfolgten Vermählung an in die Hände der jungen Frau gelegt. Dadurch wurde sie die eigentliche Herrin von Berthelsdorf und hatte die Aufgabe, das Familienleben zu sichern. Dem Grafen aber war völlig freie Hand gegeben, in seinem Dienst für den Heiland so zu handeln, wie es ihm nötig erschien.

Im Umkreis der bald entstehenden Herrnhuter Brüdergemeine fand und gebrauchte man für eine solche Ehe, wie das Grafenpaar Zinzendorf sie führte, den Namen »Streiterehe«. Beide Partner verstanden sich als Streiter für das Reich Gottes. Am Bau dieses Reiches mitzuwirken, das war für sie ihre eigentliche Lebensaufgabe. Wir wollen uns von Erich Beyreuther, dem wir die anfangs schon erwähnte grundlegende dreibändige Zinzendorf-Biographie verdanken, in die besondere Prägung und Ausgestaltung der von Ludwig und Erdmuthe praktizierten »Streiterehe« noch ein wenig mehr Einblick geben lassen:

»Ihre Gemeinsamkeit gründete sich auf die biblische Auffassung ihrer Ehe als gleichnisartige Abbildung der tiefsten Gemeinschaft mit Christus nach dem Wort aus Epheser 5. Nicht der Eros, der erkalten kann, nicht das Versprechen menschlicher Treue, sondern diese christozentrische Glaubenseinheit war das Fundament ihrer Ehe. Im Gebet bereiteten sie sich auf die innigste Vereinigung vor. Kinder sollten von Gott erfleht, betend erzeugt, empfangen und geboren werden ... Es war eine gütige Fügung, dass Zinzendorf die Gäfin Erdmuthe zur Frau bekam. Die gewaltige Leistung der finanziellen Unterstützung und Sicherung der sich sprunghaft ausdehnenden Reichgottesarbeit Zinzendorfs lag größtenteils in ihren Händen. Mit Klugheit und Tatkraft hat sie diese Aufgabe übernommen, selbständig und freudig, beseelt von hohem Pflichtgefühl.

Aus ihrem Munde kam niemals ein Wort der Klage, obwohl sie ihr Leben lang überfordert wurde. Sie war eine außergewöhnliche Frau und meisterte ihre Lebensaufgabe an der Seite dieses genialen Mannes nicht, weil sie wirtschaftlich außerordentlich tüchtig war, sondern weil sie aus der tiefsten Kraftquelle ihrer Gottgebundenheit schöpfte. Zinzendorf hat die vor der Hochzeit getroffene Abmachung betreffend Vermögensverwaltung niemals gestört. Er respektierte die Einteilung der Departements (Aufgabenbereiche) gewissenhaft. Aber ihr hilfreich einmal beispringen, kam ihm nie in den Sinn. Vielmehr war ihr wirtschaftlicher Bereich seinem geistlich-missionarischen klar untergeordnet, um ihm dienstbar zu sein ... Zinzendorf legte auf die schmalen Schultern dieser zarten Frau viel mehr, als wir verstehen können. Sie hat es getragen ohne zu klagen, ohne dass eine dauernde Entfremdung zwischen ihnen aufbrach.

Wir möchten in der Geschichte dieser Ehe für die Gräfin Partei ergreifen, aber dann stellen wir uns gegen sie selbst. Sie hat von der ungewöhnlichen Sendung Zinzendorfs gewusst und sie voll bejaht. Darum hat sie getragen, was getragen werden musste und was alle Mitarbeiter des Grafen an ihm zu tragen hatten – allen legte er viel auf und mutete ihnen viel zu –, ohne an ihm irre zu werden.«

Nun aber Schluss mit der »Streiterehe«, die aus dem Abstand der Jahrhunderte für uns mit mancherlei Fragen behaftet ist! In der Anfangszeit, in der sie gelebt wurde, war Zinzendorf noch weit von der Aufgabenfülle entfernt, die später sein Leben und Wirken bestimmte und ausfüllte. Als sie geschlossen wurde, war der Graf zwar Standesherr von Berthelsdorf, hauptberuflich aber – wenn man dieses Wort für die Art seiner Tätigkeit zu übernehmen bereit ist – Hof- und Justizrat in der Residenzstadt Dresden. Dort regierte der uns schon bekannte August der Starke. Sein Lebenswandel war sehr anfechtbar, wie wir wissen. Neben seiner rechtmäßigen Gemahlin umgab er sich mit einer Reihe von Konkubinen. Er frönte dem Ehrgeiz, seinen Residenzstädten Dresden und Warschau baulich und künstlerisch Bewunderung zu verschaffen (u. a. Zwinger von Dresden). In der politisch-beamtenmäßigen Verwaltung seiner Länder ging es wenig geordnet zu. Bestechung, Korruption, Wirtschaften in die eigene Tasche waren weit verbreitet. Allerdings fehlte es auch nicht an positiven Ausnahmen.

Zu diesen gehörte unser Reichsgraf, der Ende 1721 in den kurfürstlichen Dienst eintrat. Er hatte zwar in früheren Jahren den politischen Dienst gerade für einen Christen für erstrebenswert gehalten. Das war aber zu dem genannten Zeitpunkt nicht mehr der Fall. Da war sein Geist schon voller Gedanken und Träume, am Reich Gottes mitzubauen. Solchen Hoffnungen stand seine von ihm so geliebte und verehrte Großmutter Henriette Katharina von Gersdorf, die Haupterzieherin in seinen Kinderjahren, nicht entgegen. Sie war aber der Meinung, ihr Enkel, wenig über 20 Jahre alt, solle sich erst einmal in dem nüchternen Bereich eines juristischen Verwaltungsdienstes in der kurfürstlichen Regierung bewähren. Dem folgte Ludwig gehorsam.

Was bekam er in der neuen, zunächst wenig geliebten Aufgabe zu tun? Er musste sich u. a. mit Leuten beschäftigen, die einen Prozess gegeneinander führen wollten. Er versuchte, solche Streithähne zu einem Vergleich zu überreden, der den Prozess überflüssig machte. Er bearbeitete Eingaben und Beschwerden, auch in Religionssachen. August der Starke war um seiner Rolle als König von Polen willen vom lutherischem Bekenntnis, zu dem sich traditionell die sächsische Bevölkerung hielt, zum Katholizismus übergetreten. Diesen versuchte er – wenn auch nicht fanatisch – zu fördern, was zu mancherlei Auseinandersetzungen führte. Auch mit Geldangelegenheiten wie Kassenrevision musste sich Zinzendorf abgeben. Ihm schwebte eine umfassende Justizreform im Kurfürstentum vor. Doch musste der jugendliche Träumer bald einsehen, dass eine solche Erneuerung nicht durchführbar war.

Zinzendorf war bei seinem Dienstantritt das Recht eingeräumt worden, in den Sommermonaten auf sein Gut in der Oberlausitz zurückkehren zu dürfen. Davon machte er zunehmend Gebrauch und blieb von 1724 bis zu seiner Beurlaubung vom Staatsdienst 1727 nie länger als höchstens ein halbes Jahr in Dresden, 1726 nur noch drei Monate. Er besaß eine Stadtwohnung, die Erdmuthe selten mit ihm teilte. Sie wohnte und wirkte vor allen Dingen in Berthelsdorf.

An dem rauschhaften, luxuriösen Leben in Dresden, in dem ein Festtrubel den andern ablöste und in das viele seiner Amtskollegen verstrickt waren, beteiligte sich Zinzendorf, der ganz nach dem Gefallen Christi leben wollte, natürlich nicht. Er versuchte vielmehr, diesen und jenen seiner Standesgenossen daraus zu lösen. Der Erfolg war gering.

Zinzendorf besuchte regelmäßig die landeskirchlichen Gottesdienste. Er scheute sich nicht, die dem von ihm bejahten Pietismus weithin ablehnend gegenüberstehende Kirche und Pfarrerschaft zu kritisieren. Er tat das vor allem in einem von ihm herausgegebenen Blatt »Der Dresdnische Sokrates«, das anonym erschien. Die Kritik darin betraf auch Gesellschaft und Staat. Er dachte jedoch nie daran, der Kirche den Rücken zu kehren. Allerdings ließ er es sich auch nicht nehmen, mit sogenannten Separatisten, die mit der Kirche gebrochen hatten, in Kontakt zu kommen. Wenn er bei ihnen die auch ihn erfüllende Liebe zum Heiland als ihren Wesensgrund spürte, war er bereit, über manche Einseitigkeit bei ihnen hinwegzusehen.

Während seiner ganzen Dresdener Zeit hielt sich der Graf zu einem Kreis von Erweckten, der vor allem in seinem Hause zusammenkam und den er erfreulich wachsen sah. Dazu gehörte auch fröhliche Tischgemeinschaft in Form von »Liebesmahlen«, bei denen viel gesungen wurde.

Die Anfänge von Herrnhut

Von Zinzendorfs Amt in Dresden ist noch zu sagen, dass er dafür kein Gehalt bezog, sondern es ehrenamtlich ausübte. Es füllte ihn nach Kraft und Zeit keineswegs aus. Es erlaubte ihm viele Reisen und vor allem lange Aufenthalte in Berthelsdorf. Dort lag ihm die Kirchengemeinde und ihr geistliches Wohl sehr am Herzen. Als Standesherr war er auch Patron der Kirche und konnte den Pfarrer berufen. Das war von 1722 bis 1737 Johann Andreas Rothe, der sich als Pietist verstand und missionarisch-erwecklich predigte. Ihm verdanken wir das bekannte Lied »Ich habe nun den Grund gefunden, der meinen Anker ewig hält«.

Es war wahrscheinlich anlässlich von Rothes Probepredigt, dass Zinzendorf einen Zimmermann aus Mähren, im Gebiet des heutigen Tschechien, namens Christian David kennenlernte. Dieser war in einer streng katholischen Gegend aufgewachsen, kam dann aber zu einer Familie in die Zimmermannslehre, die heimlich dem evangelischen Glauben anhing. Es handelte sich um Nachkommen der »Böhmischen Brüder«, deren Kirchengemeinschaft aus der vorreformatorischen Bewegung des als Ketzer verbrannten Jan Hus erwachsen war. Die »Böhmischen Brüder« hatten schwere Verfolgungszeiten zu durchleiden und waren am Ende des Dreißigjährigen Krieges (1618–1648) nahezu ausgerottet. Aber etliche kleine Gruppen von »Geheimprotestanten« hatten sich durch die notvollen Zeitläufte hindurch gerettet und die Erinnerung an die alte Brüderkirche nie ganz verloren.

In diesen Kreisen tauchte auf einmal der zum bewussten biblischen Glauben hindurchgedrungene Christian David auf, und seine aufrüttelnde Botschaft führte zu erwecklichen Aufbrüchen. Seiner missionarischen Tätigkeit war eine Reise nach Deutschland vorausgegangen, wohin es ihn drängte, um seinem evangelischen Glauben in Freiheit leben zu können.

Unter den »Kirchenchristen«, auf die er zunächst meistens traf, fand er mit seiner entschiedenen Einstellung mehr Ablehnung als Ermutigung und Zustimmung. Diese traurige Lage änderte sich für Christian David aber grundlegend, als er 1717 nach Görlitz gelangte. Dort winkte ihm nach einem großen Brand, der die Stadt heimgesucht hatte, Arbeit als Zimmermann. Er geriet in den großen Erbauungskreis des Ortspfarrers Scheffer und fand dort seine geistliche Heimat. Doch oft trieb es ihn, nach Mähren zurückzukehren, um seinen deutschsprachigen Landsleuten, unter denen er viele heimlich Evangelische wusste, »zu verkündigen, was er gesehen und gehört hatte«. Dabei ereigneten sich jene durchschlagenden Erweckungen, die wir erwähnt haben. Unter den Erweckten entstand der Wunsch und mehrte sich die Sehnsucht, die katholische Umwelt, die keine Gewährung von Glaubensfreiheit kannte, zu verlassen und am liebsten Deutschland als neues Heimatland zu gewinnen.

Christian David fühlte in Berthelsdorf vor, ob und wie das möglich wäre. Von Zinzendorf erhielt er eine sehr allgemein gehaltene Zusage, in der von einem konkreten Termin einer Übersiedlung keine Rede war. Diese aber genügte dem rasch entschlossenen David, eilends nach Mähren zurückzureisen und eine erste ausreisewillige Gruppe von zehn Personen zusammenzustellen.

Diese erschien mit ihm als Führer zunächst zu einer Audienz bei der alten Landvögtin und wurde von ihr nach Berthelsdorf weitergeschickt. Die Ankömmlinge blieben aber nicht im Dorf, sondern der Vertreter des Grafen – dieser selber hielt sich in Dresden auf – wies ihnen einen ziemlich wüsten, mit wildem Gestrüpp bewachsenen Platz am Abhang des so genannten Hutberges zu. Am 17. Juni 1722 schlug Christian David seine Axt in den ersten Baum, der zum Bau des ersten Hauses der neu entstehenden Ortschaft Herrnhut verwendet wurde. Am 28. Oktober wurde das Haus von der ersten Gruppe mährischer Exulanten (wie man sie nannte) bezogen. Diese knüpften bald Kontakte zu einheimischen Berthelsdorfer Gläubigen und nahmen an deren Bibel- und Gebetsstunden teil. Der in der Heiligen Schrift ungewöhnlich bewanderte Christian David, der eine energische, heißblütige, zum Vorangehen geneigte Wesensart besaß, spielte schon bald eine nicht zu übersehende Führerrolle.

Zinzendorf hat das erwähnte Haus selber zum ersten Mal am 22. Dezember 1722 gesehen. An diesem Tag fuhr er mit seiner Frau und dem ihm sehr nahe stehenden Freund Friedrich von Wattewille, einem Schweizer, von Dresden nach Großhennersdorf, um dort bei der Großmutter Weihnachten zu feiern. Im Wald am Hutberg erblickten die Reisenden im Abenddunkel ein Licht. Es drang aus einem Bau, den der Graf noch nicht kannte. Sie begannen mit den Heraustretenden ein Gespräch. Hören wir Zinzendorf selber: *»Da stiegen wir geschwind heraus und wärmten uns am Feuer. Wie war doch unser Herz entbrannt, da Pilger vor uns standen, die weit von ihrem Vaterland die freie Gnade fanden!«* Der Graf sprach ihnen Mut zu und wies sie auf Gottes Treue hin. Dann knieten alle nieder, und Zinzendorf bat Gott, seine Hand über diesem Haus zu halten.

Christian David holte immer weitere Exulanten aus Mähren und Böhmen (beide Landschaften sind geographisch eng miteinander verbunden). Diese versuchten, die von ihnen in der alten Heimat ausgeübten handwerklichen Tätigkeiten auch in der neuen auszuüben. Manche wandten sich der Arbeit in der Landwirtschaft zu. Zwei Jahre nach dem Bau des ersten kleinen Hauses am Hutberg, dem weitere folgten, legte man dort den Grundstein zu einem stattlichen Gebäude, einem Schulheim, dessen Aula im ersten Stock als Betsaal für die Aussiedlergemeinde dienen sollte. Der eigentliche geistliche Lehrer in diesen Anfangsjahren Herrnhuts war der Töpfer Martin Dober. Von dessen Bruder, dem ersten Herrnhuter Missionar, werden wir später noch hören. Martin hielt für die Gemeinde den Morgen- und Abendsegen, um 5 Uhr und um 21 Uhr.

Es waren aber nicht nur Mähren, die sich in Herrnhut ansiedelten. Zinzendorf öffnete den sich ständig vergrößernden Ort auch für andere Ankömmlinge. Evangelische aus dem benachbarten Schlesien, die viele Bedrängnisse zu erleiden hatten, waren willkommen. Separatisten aus manchen Teilen Deutschlands, die dort mit der Landeskirche gebrochen hatten, wurden von dem großzügigen Grafen, der selber bei der lutherischen Kirche verblieb, nicht abgewiesen. Darunter gab es fromme Eigenbrötler, die sich in bestimmte Sätze der Bibel verbeißen konnten und darüber das Ganze der Schriftwahrheit vernachlässigten.

In dieser so mannigfaltig geprägten Herrnhuter Glaubens- und Lebensgemeinschaft geschahen immer wieder geistliche Aufbrüche, die Zinzendorf staunen und jubeln ließen. Auch das benachbarte Berthelsdorf, in dem weiterhin Pfarrer Rothe erwecklich wirkte, war davon betroffen. Der Gottesdienst dort am Sonntagmorgen blieb auch für die Herrnhuter verbindlich. Ebenso vereinigte man sich zu einer ausgedehnten Predigtnachbesprechung in Berthelsdorf oder Herrnhut. Man fing an, im Anklang an die apostolische Zeit der frühen Christenheit bestimmte Ämter einzurichten: Lehrer, Aufseher, Ermahner, Diener, Armenfürsorger, Krankenwärter.

An der Wende zum Jahre 1727 zählte man unter den 300 Bewohnern Herrnhuts nur 150 Mähren. Die weiteren 150 hatten sich aus fast allen Winkeln Deutschlands eingefunden. Das Ganze stellte ein gemischtes Völkchen dar. In diesem kam es im Sommer 1726 zu einer bedenklichen Krise. Es tauchte in Herrnhut ein Justizrat Krüger auf, der seine Pflichten gröblich vernachlässigt hatte und von seinem Dienstherrn entlassen worden war. Der weitherzige Zinzendorf nahm ihn in Herrnhut auf und hoffte, dass er sich unter den dortigen Erweckten zurechtfinden würde. Doch davon konnte keine Rede sein. Während der Abwesenheit des Grafen, der sich immer wieder einmal in Dresden, seinem Dienstort, aufhalten musste, machte er die ganze Siedlung Herrnhut rebellisch. Fanatisch griff er die Kirche an, deren

Pfarrer er pauschal zu Verrätern an Glaube und Heiliger Schrift abstempelte. Auch an Pfarrer Rothe in Berthelsdorf ließ er kein gutes Haar.

Seine Radikalität fand bei manchen Mähren eine gewisse Zustimmung. Schlimm war es, dass vor allem der unter seinen Landsleuten geistig führende Christian David, dem immer eine gewisse kirchenkritische Haltung eigen war, sich zu Krüger hielt und bekannte. Die meisten Mähren fingen an, die Gottesdienste und Abendmahlsfeiern in Berthelsdorf zu meiden. In Herrnhut selber und zwischen Herrnhut und Berthelsdorf war die Spaltung bald nicht mehr zu übersehen. Praktisch stand die ganze Siedlung Herrnhut fast geschlossen gegen Zinzendorf. Nur wenige blieben unentwegt auf seiner Seite, unter ihnen der Töpfer Martin Dober.

Das Gemeindeleben baut sich auf

Krüger verfiel in seinem Fanatismus in eine Geisteskrankheit und musste von seinen eigenen Anhängern eine Zeit lang eingesperrt werden. Sein Zustand besserte sich wieder, aber er trat in der Öffentlichkeit nicht mehr hervor, sondern machte sich still aus Herrnhut davon. Als Bettler trieb er sich noch jahrelang auf den sächsischen Straßen herum. Das traurige Erbe der Zerrüttung, das er zurückgelassen hatte, war aber so schnell nicht abzubauen. Da fasste Zinzendorf den wohl folgenschwersten Entschluss seines Lebens, von dessen Tragweite für seine ganze weitere Zukunft er keine Ahnung haben konnte: nach Herrnhut überzusiedeln. Er wollte selbst Ordnung in der neuen Siedlung schaffen. Er beantragte in Dresden Beurlaubung vom Staatsdienst und erhielt sie. Aus der zeitlich begrenzten Dienstbefreiung wurde aber, so wie die Dinge sich dann entwickelten, ein endgültiger Abschied. Was ihm für Herrnhut und dessen weiteren Weg und künftige Aufgaben vorschwebte, ist in einem Liedvers nachzulesen. Dieser entstand zwar erst später, spiegelt aber des Grafen feste Entschlossenheit in jenen früheren Tagen wider:

Herrnhut soll nicht länger stehen,
als die Werke deiner Hand
ungehindert drinnen gehen,
und die Liebe sei das Band,
bis wir fertig und gewärtig
als ein gutes Salz der Erden
nützlich ausgestreut zu werden.

Es war ein weiterer glücklicher Entschluss des Grafen, den er am 20. April 1727 fasste, dass er die Erweckten der beiden Dörfer Berthelsdorf und Herrnhut trennte. Der sonntägliche Gottesdienst blieb für beide Gruppen gemeinsam. Danach zog Rothe mit den gläubigen Berthelsdorfern – zu denen viele, aber nicht alle Bewohner gehörten – und den Kirchgängern aus anderen Dörfern wie gewohnt in den herrschaftlichen Saal und hielt dort mit ihnen die üblichen Predigtwiederholungen und Singstunden. Zinzendorf jedoch wanderte mit den Herrnhutern nach dem Gottesdienst den kurzen Kirchweg von Berthelsdorf nach Herrnhut zurück und versammelte sie im Saal der dortigen Landschule. Diese neue Regelung verringerte stark die kirchenkritische Haltung vieler Mähren und ihres Führers Christian David. Sie erfreuten sich nun einer größeren Selbständigkeit und bauten ihr eigenes Gemeindeleben auf.

Schildern wir ein wenig, wie es darin zuging! Die »Gemeine« (im Unterschied zur Kirchengemeinde) baute sich von den sogenannten »Banden« her auf. Diese waren nach Geschlechtern und Lebensalter getrennt, jeder Mitbewohner wurde einer solchen zugeordnet. Es handelte sich um kleine Gruppen, in denen man über der Bibel und zum Gebet zusammenkam, sich offen aussprach und aneinander Seelsorge übte. Auch Zinzendorf hat manchmal in seiner »Bande« Kritik hinnehmen müssen. Er hat auch selbst Nöte bekannt und um Rat und Fürbitte gebeten. Die »Banden« wurden später von den »Chören« abgelöst, zahlenmäßig etwas größeren Gruppen. »Banden« und »Chöre« versammelten sich an Wochentagen.

Der Sonntagnachmittag vereinte alle Glieder der »Gemeine« in der großen Versammlung im Herrnhuter Landschulsaal. Hier wurde noch einmal – wie im Kirchort Berthelsdorf – die Morgenpredigt von Pfarrer Rothe durch- und nachbesprochen. Hier hielt der Graf siegesfrohe, von Glaubensheiterkeit durchtränkte, das Lamm Gottes rühmende Reden, die tief in Herz und Gemüt der Hörer eindrangen. Hier machte er es an sich selber wahr, was er für alle in die einladenden Worte kleidete: *»Werdet des Herrgotts fröhliche Leute!«*

Einen immer wichtigeren Raum nahmen in den Versammlungen die »Singstunden« ein. Zinzendorf war dichterisch und musikalisch hochbegabt. Manches Lied hat er für eine solche Singstunde vorher gedichtet und mit einer Melodie versehen. Ja, er konnte während der Stunde selber Verse aus dem Stegreif zum Besten geben, deren Qualität allerdings nicht immer gleich gut war. Er sagte die Strophen vor, und die Gemeinde sang sie nach. So hat er es sein ganzes Leben hindurch gehalten. Was immer er dichtete, davon ist manches bis heute in Gesangbüchern erhalten geblieben. Sein Freund und Mitarbeiter Christian Gregor hat sorgfältig und behutsam manche Dichtung des Grafen für den gottesdienstlichen Gebrauch überarbeitet und besser singbar gemacht.

Das Abendmahl wurde durch »Liebesmahle«, in denen die Gemeinde christliche Geselligkeit praktizierte, ergänzt. 1832 entstanden die Ostermorgenfeier bei Sonnenaufgang auf dem Gottesacker und besondere Herrnhuter Formen von Christnachtsfeier und Feier des Jahreswechsels um Mitternacht. Am 3. Mai 1728 gab der Graf in der Abendsingstunde der Gemeinde zum ersten Mal ein Leitwort für den nächsten Tag mit. Daraus sind die Losungen der Brüdergemeine entstanden. Für das Jahr 1731 erschienen sie zum ersten Mal als Büchlein.

Was Gottes Geist am 13. August 1727 wirkte

Ein wichtiges Datum in der frühen Geschichte der Brüdergemeine ist der 13. August 1727. Darüber unterrichtet jedes Jahr das Losungsbuch am 13. 8. mit den folgenden Worten: *»Abendmahlsfeier in der Kirche zu Berthelsdorf; Zusammenschluss der Bewohner Herrnhuts zur Brüdergemeine durch den Geist Gottes«*. So sehr die Anfangszeit Herrnhuts – wir haben darüber berichtet – nicht frei war von Krisen und Erschütterungen, so geschahen doch auch immer wieder erfreuliche und erstaunliche geistliche Aufbrüche. Solche durchzogen mit besonderer Intensität das ganze Jahr 1727. Diese schenkte Gott in eine Schar von Menschen hinein, die aus ganz verschiedenen Nationalitäten und Glaubensbekenntnissen zusammengesetzt war. In Herrnhut hatten sich zusammengefunden: Böhmen, Mitteldeutsche, Süd- und Westdeutsche, Lutheraner – zu denen sich Zinzendorf nächst seiner Zugehörigkeit zur Brüdergemeine zeitlebens zählte –, Reformierte, Katholiken, (auch solche hatten sich in Herrnhut angesiedelt) und Separatisten. Was formte sich aber immer mehr aus einer solch vielgestaltigen Menge? Eine Gemeinde, deren Einheitlichkeit und inneres Leben in der ganzen Welt kaum ihresgleichen fand. Das wirkte Gottes Geist durch das Geschehen von 1727.

Im Juli zogen erweckliche Predigten von Gemeindepfarrer Rothe und von auswärts kommenden Gastpredigern Tausende von Hörern aus einem weiten Umkreis an. Eine Schar von Männern wurde von einem großen Hunger nach Gottes Wort erfasst und vereinte sich zu zahlreichen Bibelbesprechungen. Auf dem Hutberg betete Zinzendorf mit 14 anderen Brüdern eine ganze Nacht hindurch, dass Gottes Feuer hell brennen möge. Pfarrer Rothe kam unerwartet von Berthelsdorf herüber und lud zu einem großen Abendmahlsgottesdienst am Mittwoch, dem 13. August, ein. Wie dieser ablief und welche Nachwirkungen er hatte, hat Zinzendorf hinterher veranlasst, von einem *»Tag der Ausgießung des Heiligen Geistes über die Gemeine«* zu sprechen. Es sei *»ihr Pfingsttag«* gewesen. Ein anderer Teilnehmer, David Nitschmann, drückte es so aus: *»Von der Zeit an ist Herrnhut zu einer lebendigen Gemeinde Jesu Christi geworden.«*

Jener unvergessliche Sonntag war von einem tief wirkenden Bußgeist geprägt. Viele Gebete stiegen auf, in denen mangelnde Bruderliebe, Schuld aneinander durch Neid, Rechthaberei und Ichhaftigkeit bekannt wurde. Es folgte die dringliche Bitte, dass ein neuer Geist der Demut, des Aufeinanderangewiesenseins, der Dienstwilligkeit sich um alle schlinge. Der Dank fehlte nicht, dass man sich der Vergebung durch das Blut Christi getrösten und mit neuem Mut und Vertrauen am Reich Gottes bauen dürfe. Hören wir noch zwei an jenem Erleben unmittelbar Beteiligte:

»Das Mahl des Herrn wurde mit gebeugten und erhöhten Herzen gehalten, und wir gingen um 12 Uhr ziemlich außer uns selbst wieder heim. Wir brachten hierauf diesen und die folgenden Tage in einer stillen und freudigen Fassung zu und lernten lieben.« – »Wer sich bis dahin nicht hat leiden können, fiel einander auf dem Gottesacker vor der Kirche um den Hals und verband sich aufs allerinnigste, und so kam die ganze Gemeinde wieder nach Herrnhut zurück als neugeborene Kinder.« Aus einem von Zinzendorf damals gedichteten Lied seien auch noch einige Sätze zitiert: *»Drum, so gründe dich auf Gnade, Bau des Höchsten, Herrenhut ... Unser Wille bleibe stille, unser Mund und Hand vollende die Geschäfte deiner Hände ... Wir sind Christen, die sich rüsten, mit dem Herrn der Herrlichkeiten dort zu prangen, hier zu streiten.«*

Der weitere Weg Herrnhuts durch die Jahrzehnte und Jahrhunderte hat die zu ihm haltenden und in ihm Gott dienenden Brüder und Schwestern immer mehr zu einer eigenständigen kirchlichen Gemeinschaft, zu einer Freikirche sich entwickeln lassen. Diese hat aber nie jene Haltung vergessen können und wollen, über die Zinzendorf sich in einer Art Satzung vom 12. Mai 1727 so ausgedrückt hat: *»Herrnhut soll in beständiger Liebe mit allen Kindern Gottes in allen Konfessionen stehen, keine verurteilen, keinen Zank oder etwas Ungebührliches gegen anders Gesinnte vornehmen, wohl aber die evangelische Lauterkeit, Einfalt und Gnade unter sich zu bewahren suchen.«*

Die »Herrnhuter Brüdergemeine« wurde auch »Brüder-Unität« genannt. Damit wollten vor allem die aus Böhmen und Mähren stammenden Glieder daran erinnern, dass die neue Gemeinschaft in einer bewährten Tradition stand und eine Fortsetzung und Erneuerung der mittelalterlichen »Unität der Brüder« (lateinisch: Unitas fratrum) darstellte.

Der 21. August 1732 und was alles darauf folgte

Es war den Herrnhutern und besonders ihrem von allen anerkannten geistlichen Führer, dem Grafen Zinzendorf, von Anfang an klar, dass man das Evangelium allen Menschen schulde. Diese Erkenntnis wurde u. a. so in die Praxis umgesetzt, dass man sich seelsorgerlich um erweckte einzelne Christen oder Gruppen in den großen Kirchen kümmerte, die sich dort vereinsamt vorkamen. Boten gingen rings in die Lande, solche Brüder und Schwestern aufzusuchen, sie im Glauben und in der Nachfolge zu stärken und zu ermutigen und miteinander zu verbinden. Man nennt diese Aktivitäten die »Diasporaarbeit« der Brüdergemeine. Sie begann in der Umgebung von Herrnhut unter Deutschen und der kleinen völkischen Minderheit der Sorben. Sie wurde aber ausgedehnt auf ganz Deutschland, auf die baltischen Völker in Estland und Lettland, auf die Schweiz, auf Holland, Dänemark, Norwegen, Schweden, England, Polen und auch zu den verfolgten Hugenotten in Frankreich.

Man wollte den Kirchen helfen, nicht für die Brüdergemeine werben. Die durch die Diasporaarbeit Betreuten sollten als Licht und Salz in ihren angestammten Kirchen zu wirken versuchen. Aber die Entwicklung ging dann doch – wie schon erwähnt – in die Richtung einer eigenen Freikirche. Deren selbstständige Gemeinden waren aber nicht sehr zahlreich. Zu nennen wären in Deutschland etwa Niesky und Zwickau in Sachsen, Neudietendorf in Thüringen, Gnadau bei Magdeburg, Königsfeld im Schwarzwald, Bad Boll in Württemberg, Neuwied am Rhein. Dort entstanden z. T. auch Schulen, die über die Reihen der Brüdergemeine hinaus sehr beliebt waren. Zinzendorf war ein sehr begabter Pädagoge, der gut mit Kindern und Jugendlichen umgehen konnte. Manche andere aus der Brüdergemeine waren ähnlich gute und erfolgreiche Erzieher, denen besonders auch in missionarischer Gesinnung das religiös-geistliche Wohl der ihnen Anvertrauten am Herzen lag.

Viel weiträumiger und wirksamer war aber das, was die Brüdergemeine im Bereich der Heidenmission – das war die frühere Bezeichnung – vollbrachte. Heute spricht man von Weltmission. Erste Bekanntschaft damit hatte Zinzendorf schon in seiner Schulzeit im Pädagogium in Halle gemacht. Dort hatte er ja das Vorrecht, tägliche Tischgemeinschaft mit August Hermann Francke zu haben. Dabei hatte er bedeutende Gäste dieses »Vaters des Pietismus« erlebt, z. B. die Pioniermissionare Heinrich Plütschau und Bartholomäus Ziegenbalg von der Dänisch-Halleschen Mission.

Ihre Berichte aus Indien machten einen unvergesslichen Eindruck auf den jungen Grafen. In das entstehende Herrnhut brachte Zinzendorf von einem Besuch in Kopenhagen – dessen Anlass eine Königskrönung war – einen bekehrten Negersklaven von den Westindischen Inseln in der Karibischen See nach Hause mit. Anton war sein Name.

Dessen Bericht über das Werk Gottes auf seiner Heimatinsel St. Thomas und seine Bitte, nach dort Evangeliumsboten zu senden, erweckte eine starke Missionsbegeisterung. Am 21. August 1732 machten sich der Töpfer Leonhard Dober und der Zimmermann David Nitschmann als die ersten Herrnhuter Missionare auf den Weg in jene weit entfernt liegende Weltgegend. Zinzendorf brachte die beiden in seinem Kutschwagen bis kurz vor Bautzen. Dort knieten alle drei am Wegrand nieder und beteten. Dann zogen die Boten zu Fuß ihre Straße bis zum Hafen in Kopenhagen. Es folgte eine lange Seereise auf einem der damals üblichen Segelschiffe. Anfang 1733 brachen drei Missionare nach Grönland auf, in den nächsten Jahren andere nach Surinam in Südamerika, zu den Indianern Nordamerikas, zu den Hottentotten Südafrikas und in manches andere Land. Bis zum Jahr 1760, dem Todesjahr Zinzendorfs, hatte die Brüdergemeine schon 312 ihrer Glieder als Missionare ausgesandt.

Leute wie die Diasporaarbeiter und die ausreisenden Missionare, aber auch alle sonst in Herrnhut und von Herrnhut aus Tätigen – Zinzendorf selbst eingeschlossen – zählen zu den »Streitern«, die unser Graf in einem besonders markanten Lied folgendermaßen anredet:

O ihr Glaubensstreiter,
wisst ihr, was ihr sollt?
Ihr seid Wegbereiter,
wo sein Wagen rollt,
dass er desto gräder
könne vor sich gehn.
Hört nur seiner Räder
sausendes Getön!

Es gilt, sich den Wellen
auf dem dunklen Meer
tapfren Muts gesellen,
wenn's auch dunkel wär,
und auf Tod und Leben
mit Entschlossenheit
dem sich übergeben,
der dem Meer gebeut!

Nun, so sei verbannet
alle feige Ruh!
Eilet doch ermannet
Jesu Herzen zu!

Wenn er selbst uns führet,
ebnet sich das Gleis,
und was uns gebühret,
ist sein Lob und Preis!

Das hier Beschriebene hat Zinzendorf nicht nur gedichtet, sondern selber immer wieder praktiziert. Wir bringen dafür ein Beispiel aus dem Jahre 1739. Da landete der Graf mit zwei für die Missionsarbeit auf St. Thomas bestimmten mährischen Ehepaaren in Tappus, dem Hafen der Insel. Die Geschichte der 1732 begonnenen Missionsarbeit auf der Karibikinsel war sehr dramatisch verlaufen. Den ersten Boten Dober und Nitschmann waren andere gefolgt. In acht Monaten waren zehn von ihnen an Tropenkrankheiten verstorben. Als der Graf an Land ging, erfuhr er, dass von den am Leben Gebliebenen drei im Gefängnis saßen.

Er machte sich gleich dahin auf und erlebte ein bewegendes Schauspiel: Eine große Menge von Negersklaven umlagerte die Kerker der weißen Männer. Durch ein vergittertes Fenster hörte der Graf Missionar Friedrich Martin predigen. Er rief ihm ein Grußwort zu. War das für die Gefangenen eine freudige Überraschung, wie sie größer nicht sein konnte! Die Stimme des Grafen, den sie im fernen Herrnhut wähnten, war nur wenige Meter von ihnen zu hören! Ein »Streiter« stärkte andere »Streiter« in einer bedrängenden Situation! Einem

Reichsgrafen, der auch nach Dänemark manche Beziehungen unterhielt, musste der dänische Gouverneur von St. Thomas die gefangenen Missionare eilends freigeben.

Eine zweite Reise ins entfernte Ausland unternahm Zinzendorf in Begleitung seiner Tochter Benigna in den Jahren 1741/42 nach Nordamerika. Dort traf er im Bundesstaat Pennsyslvania viel mit deutschen Einwanderern zusammen, von denen sich manche bald mit Herrnhut sehr verbunden wussten. Vor allem aber zog es ihn zu den Indianern, von denen er mehrere Stämme, darunter einen sehr wilden und grausamen, aufsuchte. Die Erfolge der Herrnhuter Missionare unter Indianern, von denen David Zeisberger der bekannteste ist, waren allerdings geringer als auf anderen Missionsgebieten wie Labrador, Südafrika und Westindien.

Abschließend in diesem Kapitel wollen wir uns noch einmal von unserem Grafen in der ihm eigenen, unnachahmlichen Sprache sagen lassen, welchen Auftrag Jesu Boten weltweit zu erfüllen haben:

Geht, Zeugen, Jesum malen,
wie er, uns zu bezahlen,
am Holz in Tod versank!
Tragt, o ihr Kreuzesbeuten,
durch aller Erde Breiten
das Wort von Jesu Todesgang!

Über Höhen und durch Tiefen

Was im sächsischen Herrnhut geschah und sich von dort in weite Fernen hinein auswirkte und entfaltete, das wurde in der Residenzstadt Dresden mehr kritisch als verständnisvoll und wohlwollend beobachtet. Das gilt sowohl vom staatlichen Bereich wie auch von der kirchlichen Obrigkeit. Die letztere war von lutherischer Volkskirchlichkeit und dogmatischer Orthodoxie (Rechtgläubigkeit) geprägt und dem Pietismus, dem die Brüdergemeine zuzuordnen ist, wenig günstig gesinnt. Alle öffentlichen und heimlichen Anklagen und Wühlereien gegen Zinzendorf führten schließlich dazu, dass er im März 1736 durch einen Regierungserlass aus seiner Heimat Kursachsen vertrieben wurde. Elf Jahre lang durfte er diese nicht mehr betreten. Die harte Verfügung traf ihn allein. Der Graf sammelte seine Familie und die getreuesten Mitarbeiter um sich, Herrnhut der Leitung der dort gewählten Ältesten überlassend, und ging mit dieser »Pilgergemeine« zunächst auf die Ronneburg, ein halbzerfallenes Bergschloss in der Wetterau (Landschaft zwischen Gießen und Frankfurt). Dort hatte sich eine sehr gemischte Gesellschaft von Juden, Zigeunern und Dieben eingenistet, unter denen missioniert und ein »Jüngerhaus« aufgebaut wurde. Es entstanden unweit der Burg zwei weitere Siedlungen, Marienborn und das wichtigere Herrnhag. Dieses vor allem erinnerte im Stil der Häuser und der ganzen räumlichen Anlage sehr an Herrnhut. Es wuchs durch starken Zustrom bis auf 1000 Einwohner. Später wurde es aber wieder aufgegeben.

Die elf Jahre seiner Verbannung aus Sachsen verbrachte Zinzendorf, immer begleitet von Gliedern der eben genannten »Pilgergemeine«, in einem unermüdlichen europa-, ja weltweiten Reisedienst. In diesem haben wir ihn schon in unserer Darstellung nach Westindien und Nordamerika begleitet. Wir wollen das in andere Orte und Länder hinein fortsetzen und ausdehnen.

Noch im Jahre 1736 erschien der Graf in Ostpreußen und in den zu Russland gehörenden baltischen Provinzen Lettland und Estland. Sowohl der dort beheimatete und wirtschaftlich führende deutsche Adel wie auch die Glieder der ärmlichen Landbevölkerung bereiteten Zinzendorf einen herzlichen, ja begeisterten Empfang. In Städten wie Riga und Reval hörten große Scharen ihn missionieren. Er kam in eine erweckliche Atmosphäre hinein, die vor seinem Kommen entstanden war und sich weit ausgebreitet hatte. In wenigen Jahren nach seinem Besuch waren aus der großen Zahl der Erweckten 3000 Letten und 11000 Esten in herrnhuterisch geprägten Gemeinschaften miteinander verbunden. Die

»Brüder« wurden die eigentlichen Seelsorger dieser beiden Nationen.

Mitten in der Zeit heftiger Winterstürme unternahm Zinzendorf im Januar und Februar 1737 einen ersten Besuch in England. In Berlin ließ sich der Graf im Frühjahr 1737 von zwei lutherischen Pröpsten auf seine »Rechtgläubigkeit« hin examinieren und darüber ein Zeugnis ausstellen, das ihm das Recht bestätigte, sich einen lutherischen Geistlichen nennen zu dürfen. Zu einem solchen war er schon früher im württembergischen Tübingen berufen worden. Außerdem wurde er in aller Stille zum »Bischof der mährischen Brüder in Böhmen, Polen und anderswo« geweiht. Solche Titel suchte und erhielt er nicht, um seine persönliche Ehre und Anerkennung zu erhöhen. Er sah in ihnen vielmehr Möglichkeiten, dass sich ihm für die als zentral angesehene Verkündigung des gekreuzigten Christus Türen auftaten.

1738 kehrte Zinzendorf zu einem vier Monate währenden Aufenthalt nach Berlin zurück. In dieser Zeit hielt er seine berühmten »Berliner Reden«. Das waren Evangelisationsansprachen, mit denen er in seinen Wohnräumen begann. Sie mussten aber bald auf den geräumigen Hausboden verlegt werden, wo über eine Stunde lang jeweils gegen 500 Personen dicht gedrängt standen, um zu lauschen. Generäle, Minister, böhmische Exulanten, Studenten, Bürger und Handwerker, Gelehrte, Männer aus allen Kreisen waren von des Grafen Reden tief beeindruckt. Es erschienen auch Spötter und Neugierige, die einmal den Mann, einen leibhaftigen Reichsgrafen, von dem die ganze Stadt sprach, hören wollten. Manche vertauschten ihre Rolle aber bald mit dem Stand des gläubigen Hörens und Aufnehmens. Nur Männer versammelten sich hier. Frauen trafen sich gesondert.

Die Berliner Reden wurden noch im gleichen Jahr zum Druck gegeben. Sie haben in zahlreichen Auflagen und Übersetzungen eine sehr große Verbreitung gefunden. Unter allen Schriften Zinzendorfs sind sie am meisten gelesen worden und haben die stärkste Wirkung ausgeübt. Davon sei von vielen erwähnenswerten Beispielen nur ein einziges herausgegriffen. Ein Propst aus dem Baltikum schrieb damals: *»Anno 1738 bekam ich den ersten Teil der ›Berliner Reden‹ in die Hand. Ich hatte kaum darin etwas gelesen, so war es um mein Herz geschehen, und ich verlor allen Geschmack an anderer Erkenntnis, die nicht Jesus der Gekreuzigte war.«*

Doch hören wir noch Zinzendorf selber mit einem kurzen Auszug aus einer Rede vom 19. Januar 1738: *»Die Theologie von der Gnade durchs Blut ist die Hauptursache und Grund aller Einigkeit unter den Kindern und Knechten Gottes. Denn wenn sie in Meinungen ungleich sind, so* *trennet das nicht die Herzen, so lange sie Jesum haben, sondern man lässet einem jeden seine besseren und schlechteren Einsichten. Aber wer das Schibboleth (Richter 12, 5 und 6: Erkennungszeichen, Losungswort) von Christi Kreuz nicht hat, mit dem kann man nicht harmonieren.«*

Das Reden von Christi Kreuz – man kann es nicht oft genug betonen – ist das Herzstück aller Theologie und Verkündigung des Grafen Zinzendorf und der von ihm geprägten Brüdergemeine. Das »Lamm« und sein »Blut« – das ist zentrale Herrnhuter Sprache, wie es zur Sprache der Bibel gehört. Zu den »Tiefen« in der Herrnhuter Geschichte gehört es, dass es in den Jahren 1743–1749 besonders in der Wetterau zu bedauerlichen Entgleisungen im Reden und Zeugnisgeben vom »Lamm« kam. Daran war Zinzendorf selber nicht schuldlos, vor allem aber machte sein Sohn Renatus, dessen kurzes Leben nur von 1725–1752 währte, dabei mit.

Am Lamm wurde auf einmal die »Seitenhöhle« hervorgehoben. Im Johannesevangelium (Kap. 19, 34) wird berichtet, dass einer der römischen Kriegsknechte in diesen Körperteil Jesu hineingestochen hat und dass Blut und Wasser herausfloss. Diese Seitenhöhle, oft in der Verkleinerungsform als »Seitenhöhlchen« bezeichnet, wurde mit dem aus ihm rinnenden Blut zur eigentlichen Quelle der Erlösung hochstilisiert. Sie wurde in Liedern, ja in Schauspielen, in denen kitschige Lichterketten und auffällige Gewänder eine Rolle spielten, gerühmt. Der Graf erkannte noch rechtzeitig die Gefahren eines solchen gefühlsseligen Abweichens von der glaubensstarken, aber nüchternen neutestamentlichen Kreuzestheologie, wie sie auch das Zentrum der Verkündigung Martin Luthers darstellt. Er machte mit klärenden Briefen und Anordnungen dem »Spuk« der »Sichtungszeit« – wie er selber rückschauend die Zeit von 1743–1749 nannte – ein Ende.

Freuen wir nach diesem kurzen negativen Abstecher in eine gefährliche Tiefe hinein uns umso mehr an den herrlichen Höhepunkten, in denen die Dichtung des Grafen das Kreuzesereignis rühmt! Am bekanntesten und tröstlichsten ist wohl das Lied »Christi Blut und Gerechtigkeit.« Zwei Verse daraus seien zitiert:

Christi Blut und Gerechtigkeit,
das ist mein Schmuck und Ehrenkleid,
damit will ich vor Gott bestehn,
wenn ich zum Himmel werd eingehn.

Gelobet seist du, Jesus Christ,
dass du ein Mensch geworden bist
und hast für mich und alle Welt
bezahlt ein ewig Lösegeld.

Vom frühvollendeten Christian Renatus Zinzendorf wollen wir jenen Vers im Herzen und Gedächtnis behalten, der gern beim Abschluss von Abendmahlsfeiern angestimmt wird:

Die wir uns allhier beisammen finden,
schlagen unsre Hände ein,
uns auf deine Marter zu verbinden,
dir auf ewig treu zu sein.

Und zum Zeichen, dass dies Lobgetöne
deinem Herzen angenehm und schöne,
sage Amen und zugleich:
Friede, Friede sei mit Euch!

Von der unermüdlichen Reisetätigkeit des Grafen und der Glieder seiner »Pilgergemeine« sei noch erwähnt, dass dazu häufige und z. T. zeitlich sehr ausgedehnte Besuche in Holland, in der Schweiz und in England gehörten. Dabei kam es – wie auch in den USA und auf den zahlreichen Missionsfeldern – überall zu Gründungen von Gemeinden, Freundeskreisen und Stützpunkten. Im englischen Sprachbereich nannte und nennt man die Herrnhuter Brüdergemeine die »Moravian Church«, die »Mährische Kirche«. Ein Ereignis in England ist noch besonderer Erwähnung wert. Es ist in jeder Jahresausgabe der Herrnhuter Losungen mit den folgenden Worten festgehalten: *»16. September*

1741: Synode der Brüder-Unität in London; Jesus Christus Herr und Ältester seiner Gemeinde.«

Bevor Zinzendorf Ende 1741 nach den USA, vor allem nach Pennsylvania, reiste, nahm er an der genannten Synode teil. Der Graf war unbestritten die führende geistliche Autorität der Brüdergemeine. Aber in deren organisatorischem Aufbau stand nicht er, sondern ein »General-Ältester« an der Spitze. Das war der uns schon bekannte Leonhard Dober. Dieser trat in London von der Leitung zurück. Man suchte nach einem Ersatz, konnte aber keinen Namen finden, dem alle befriedigt zustimmten. Schriftworte im Losungsbuch 1742, das schon vorlag, brachten die Versammelten auf den Gedanken, Jesus selbst als den leitenden Ältesten anzusehen.

So beschlossen sie es am 16. September 1741. Am 13. November wurde dies allen Brüdergemeinen Europas und Amerikas bekannt gegeben und dem neuen Kirchenältesten gehuldigt. Es gehört zur Wesensprägung der Brüdergemeine, dass kein Einzelner, sondern nur ein Kollegium an ihrer Spitze stehen kann. Lange Zeit war es so, dass bei allen wichtigen Synoden und anderen Zusammenkünften, auf denen manchmal weitreichende Entscheidungen zu treffen waren, ein leerer Stuhl inmitten der Versammelten stand. Er war dem unsichtbaren, göttlichen Herrn und Heiland vorbehalten, auf dessen Geist und Weisung man betend hoffte. Der Blick auf ihn war ganz gewiss nicht ohne Einfluss auf das, was besprochen, geklärt und entschieden wurde. Von dem Novemberdatum liest man im Losungsbuch: *»13. November 1741: Alle Brüdergemeinen ehren Christus als Haupt und Ältesten seiner Gemeinde.«*

Der Lebensausklang

Nach dem Ende der »Sichtungszeit« wurde dem Grafen noch ein gutes Jahrzehnt seines irdischen Lebens von Gott gewährt. Fünf Jahre davon verbrachte er in England, überwiegend in London. Es ist zum Staunen, wie sich die Brüdergemeine dort ausbreitete. Ihre Arbeit fand die offizielle Anerkennung durch das englische Parlament, auf die die königliche Bestätigung folgte. Der anglikanische Bischof von Worcester hatte die überwiegende Mehrheit des Parlaments, der Kirche und des englischen Volkes hinter sich, als er sich folgendermaßen äußerte: *»Es ist eine Erbauung für mich selbst, für das ganze Bischofskollegium und für alle wahren Protestanten Englands, wenn sich das britische Volk für die Brüder erklärt. Denn jedes Vorrecht, das England dieser alten Bekennerkirche (Moravian Church) verleiht, wird alle evangelischen Christen in der ganzen Welt darin bestärken, dass von unserm Land nur Gutes zu erwarten ist.«*

Zinzendorf selber wurde den Engländern ein Engländer und hielt viel beachtete Reden in ihrer Sprache. Zeitweilig hielt sich auch seine Gattin bei ihm auf. Nach Herrnhut zurückgekehrt, folgte für den Grafen eine verhältnismäßig stille Zeit. Immer mehr überließ jetzt Zinzendorf die laufenden Angelegenheiten der Gemeine jüngeren Brüdern und beschränkte sich auf Seelsorge und schriftstellerische Arbeit. Die letztere war aber im Umfang und in der Bedeutung nicht mehr mit der früherer Jahre zu vergleichen. Zu nennen sind etwa die 81 gedruckten Londoner Predigten.

Am 19. Juni 1756 verstarb Zinzendorfs Gattin, die Gräfin Erdmuthe Dorothea. Ihr Leben an der Seite ihres genialen, plänereichen, reisefrohen Mannes war in vielen Stücken entsagungsreich gewesen, wurde aber immer von ihr in der Form der von uns früher geschilderten »Streiterehe« bejaht. Sie gebar zwölf Kinder, von denen acht in einem frühen Alter starben. Nur einer der Söhne – Christian Renatus – erreichte das Mannesalter, drei Töchter überlebten die Eltern. Ende 1756 und im Frühjahr des folgenden Jahres überstand der Graf zwei schwere Krankheiten. Am 27. Juni 1757 ging er eine zweite Ehe ein mit der viel jüngeren Anna Nitschmann, die ihn schon früher auf manchen seiner Reisen begleitet hatte. Das war mit voller Zustimmung der Gattin Erdmuthe Dorothea geschehen. Diese blieb meistens daheim, mit der Erziehung der Kinder beschäftigt und sich kümmernd um viele wirtschaftlich-finanzielle Aufgaben, die sie ihrem in solchen Dingen oft unerfahrenen und zu großzügigen Gemahl abnahm.

Man hat die zweite Ehe des Grafen eine »Amtsehe« genannt. Er schloss sie vor allem deshalb, weil er meinte, jemand, der auch mit weiblichen

Personen seelsorgerlich umgehe wie er, müsse selber verheiratet sein. Die beiden haben noch eine größere Reise in die Schweiz miteinander unternommen. Ohne seine Frau Anna hat sich Zinzendorf, von einer Gruppe seiner »Pilgergemeine« – inzwischen »Jüngerhaus« genannt – begleitet, vom Sommer 1758 bis Weihnachten 1759 in Holland aufgehalten. Dort gelang es ihm, Dienste und Ruhepausen, Weilen in der Gemeinschaft und Rückzug in die Stille besser miteinander zu vereinen, als dass früher oft der Fall war. Einer Aufgabe, der er sich besonders gern widmete, waren Gespräche mit ausreisenden Missionaren, in denen er sie für ihren Dienst rüstete und ermutigte.

Das letzte halbe Jahr von Zinzendorfs Leben war durch die Krankheit seiner Gattin Anna Nitschmann kein leichtes. Diese begann in großer körperlicher Schwäche das Jahr 1760 und geriet auf ein Siechenlager, nachdem sie lange seine rüstigste und unermüdlichste Mitarbeiterin gewesen war. Ende April erkrankte der Graf selber an einem Fieber. Sein Gesundheitszustand entwickelte sich sehr wechselhaft. Starker Husten und Schlaflosigkeit machten ihm zu schaffen. Aber mitten in solchen Zuständen brach immer wieder die dankbare Freude durch über das, was er Gott hatte tun sehen und wobei er hatte mithelfen dürfen. Zu David Nitschmann sagte er einmal: *»Habt ihr wohl im Anfang bedacht, dass der Heiland so vie-*

les tun würde, als wir nun wirklich mit Augen sehen an den Orten, wo es unsere Gemeine gibt, an so vielen hin und her zerstreuten Kindern Gottes und unter den Heiden? Bei diesen habe ich nur um Erstlinge gebeten und nun geht's in die Tausende. Nitschmann, welche formidable Karawane steht schon um das Lamm herum aus unserer Ökonomie!«

Es dauerte dann nicht mehr lange, da stand der Graf selber in dieser unzählbaren himmlischen Schar. In der Nacht zum 9. Mai 1760 flüsterte er seinem Schwiegersohn mit schwacher Stimme zu: *»Mein lieber Johannes, ich werde nun zum Heiland gehen. Ich bin fertig, ich bin in den Willen meines Herrn ganz ergeben, und er ist mit mir zufrieden. Will er mich nicht länger hier brauchen, so bin ich ganz fertig, zu ihm zu gehen, denn mir ist nichts mehr im Wege.«* Dann war die Stimme gelähmt. Stark röchelnd lag Zinzendorf da, blass im Gesicht. Aber seine Augen blickten im Kreis seiner Familie und seiner engsten Mitarbeiter umher. Es war für diese »ein herzdurchschneidender Anblick«. Plötzlich war das Röcheln zu Ende. Er tat noch einen dreimaligen Atemzug, legte das Haupt zurück, schloss die Augen und verschied im Frieden Gottes. Das geschah gegen 10 Uhr morgens am 9. Mai 1760.

Der Schweizer Johannes von Wattewille, der zum engsten Freundeskreis des Grafen gehörte, teilte mit den folgenden Worten den Gemeinen das Hinscheiden mit: *»Diese Krone seines Brüder-Volkes, diesen Zeugen des Todes und blutigen Verdienstes Jesu, diesen Restaurator (Wiederhersteller) der Brüder-Kirche ..., diesen Apostel so mancher Nation dieser Erde, auch unter den Heiden, diesen Diener der ganzen Christenheit, dieses treue Herz für eine jede arme und verlorene Seele, diesen Menschenfreund, dem es eine Fürstenlust war, Gutes zu tun, hat unser lieber Herr an dem heutigen Vormittag von seiner Arbeit heimgeholt.«*

»Ich statuiere kein Christentum ohne Gemeinschaft.« So lautet ein Ausspruch des Grafen Zinzendorf, der bis heute immer wieder zitiert wird. Er wirkt allem Einzelgängertum, allem Individualismus, der sich in sich selbst zurückzieht und an sich selbst Genüge findet, entgegen. Christen suchen und brauchen den Bruder und die Schwester, um mit ihnen gemeinsam den Herrn zu loben und ihm zu dienen und den Weg zum ewigen Ziel zu wandern. Wie kaum ein anderer hat Nikolaus Ludwig von Zinzendorf diese entscheidend wichtige Erkenntnis und Wahrheit in die Tat umzusetzen versucht. Mit Generälen und Ministern, mit Bürgern und schlichten Handwerkern, mit Predigern, Missionaren und Diakonen, mit Gliedern der verschiedensten Rassen und Völker, mit ausgebeuteten, aber in Jesus glücklichen Negerskla-

ven – mit ihnen allen hat er solche Gemeinschaft praktiziert – als ein Gebender, aber auch als ein Nehmender.

Das Christentum in solcher umfassenden Gemeinschaft wurde ergreifend dargestellt und sichtbar gemacht am 16. Mai 1760, dem Tag der Beerdigung des Grafen. 32 Prediger und Diakone der weltweiten Brüderkirche aus Holland, England, Irland, Nordamerika, Grönland und den deutschen Gemeinen trugen, sich einander abwechselnd, den Sarg aus dem Gemeindesaal auf den Herrnhuter Gottesacker. 2000 Glieder der Brüderkirche und ebenso viele Menschen aus den umliegenden Ortschaften gaben Zinzendorf das letzte Geleit. Sorbische Lieder erklangen unter den deutschen Chorälen, die an seiner Gruft angestimmt wurden. Er wurde neben seine erste Gemahlin gebettet. In seinen Grabstein eingemeißelt las man später die Worte: *»Er war gesetzt, Frucht zu bringen und eine Frucht, die da bleibet.«* Nur zwölf Tage später, am 21. Mai 1760, verschied auch Anna Nitschmann.

Singstunde beim Grafen Zinzendorf

Als wir das Gemeindeleben in Herrnhut darstellten, war auch von den dazugehörigen »Singstunden« die Rede. Sie nahmen einen wichtigen Platz ein. Der Graf leitete sie gerne selber. Es erklangen die reformatorischen Choräle und die Lieder Paul Gerhardts.

Eingestreut wurden Lieder Zinzendorfs, die ihm oft spontan, aus dem Stegreif in den Sinn und in den Mund kamen. Man sang alle Verse von Liedern, reihte aber auch einzelne ausgewählte aneinander. Das letztere wollen wir – unser Zinzendorf-Büchlein abschließend – jetzt auch tun. Dabei werden wir auf Bekanntes und weniger Bekanntes stoßen, manches vielleicht zum ersten Mal hören. Der Dichter Zinzendorf hat uns ein reiches Erbe hinterlassen. Worum es ihm in seinem Leben und Dienst ging, womit er seiner Brüdergemeine und der ganzen Christenheit die von Gott ihr zugedachte Gabe und Aufgabe aufzeigen wollte – das ist – so sagen es Zinzendorfkenner – am klarsten und eindrücklichsten in seinen Liedern zum Ausdruck gebracht. Und das in einer originellen Sprache, wie sie so nur ihm eigen ist!

Drum soll auch dieses Blut allein
mein Trost und meine Hoffnung sein.
Ich bau im Leben und im Tod
allein auf Jesu Wunden rot.

Wollt ihr Posaunen der Gnade sein,
räumt euch der Gnade erst selber ein!
Werdet durch die Wunden, die ihr verkündigt,
selbst mit Gott ausgesöhnt und entsündigt,
danach bekennt!

Herr, dein Wort, die edle Gabe,
diesen Schatz erhalte mir;
denn ich zieh es aller Habe
und dem größten Reichtum für.
Wenn dein Wort nicht mehr soll gelten,
worauf soll der Glaube ruhn?
Mir ist nicht um tausend Welten,
aber um dein Wort zu tun.

Legt es unter euch, ihr Glieder
auf so treues Lieben an,
dass ein jeder für die Brüder
auch das Leben lassen kann.
So hat uns der Freund geliebet,
so vergoss er dort sein Blut;
denkt doch, wie es ihn betrübet,
wenn ihr euch selbst Eintrag tut.

Auch denken wir in Wahrheit nicht,
Gott sei bei uns alleine.
Wir sehen, wie so manches Licht
auch andern Ortes scheine.
Da pflegen wir dann froh zu sein
und uns nicht lang zu sperren;
wir dienen ihm und ihm allein,
dem einen großen Herren.

Wir wolln uns gerne wagen,
in unsern Tagen
der Ruhe abzusagen,
die's Tun vergisst.
Wir wolln nach Arbeit fragen,
wo welche ist,
nicht an dem Amt verzagen,
uns fröhlich plagen
und unsre Steine tragen
aufs Baugerüst.

Gib mir, was du verordnet hast,
was deine Diener haben sollen,
wenn sie dir nützlich werden wollen:
ein Joch, das meinem Halse passt;
ein inniglich vergnügtes Herz,
ein Herz, beprengt mit deinem Blute,
das Nötigste vom Heldenmute,
beim Lieben einen sanften Schmerz;
Geduld und Unerschrockenheit,

das Tun und Ruhn im gleichen Grade
und Beugung bei der größten Gnade
und dein Verdienst zum Ehrenkleid;
ein Auge, rein und sonnenklar,
ein treues Ohr für alle Schäden,
gerührte Lippen, recht zu reden,
Gemeinschaft mit der obern Schar.

Mit Liegenbleiben
wird Schönheit nicht bewahrt,
das Mühn und Treiben
macht Streiter frisch und hart;
die Augen klar, die Sinne heiter –
schöner ist nichts als bestaubte Streiter.

Wir wolln, und was wir wolln, das geht;
denn darum sind wir deine
und haben deine Kraft erfleht
und stehn in der Gemeine:
wir wollen deine Diener sein
und deine Dienerinnen,
und keinem falle Rückzug ein,
bis wir den Streit gewinnen.

Es werde das zu aller Zeit
auch von uns selbst bewiesen,
was wir von dir mit Freudigkeit
oft andern angepriesen.
Es gehe Tat und Wort
in gleichen Schritten fort,

damit uns einst dein Zukunftstag
erfreun und nicht beschämen mag.